Smadar Raveh-Klemke
Otijot bekef

Hempen Verlag

Smadar Raveh-Klemke

Otijot bekef

Die hebräische Schrift
lesen und schreiben lernen

סמדר רווה-קלמקה

אותיות בכיף

הכתב העברי
לימוד קריאה וכתיבה

HEMPEN VERLAG
BREMEN 2017

In Zusammenarbeit mit Karin Weiss
Illustrationen: Smadar Raveh-Klemke

MIX
Papier aus verantwortungsvollen Quellen
FSC® C022176

Bibliografische Information Der Deutschen Bibliothek
Die Deutsche Bibliothek verzeichnet diese Publikation in der Deutschen Nationalbibliografie; detaillierte bibliografische Daten sind im Internet über http://dnb.ddb.de abrufbar.

ISBN 978-3-944312-49-1

2., korrigierte Auflage 2018

Umschlaggestaltung: Igel-Studios, Igel b. Trier, Berlin
Gesamtherstellung: Memminger MedienCentrum AG
Gedruckt auf alterungsbeständigem Papier
Printed in Germany

Inhaltsverzeichnis

Über dieses Buch

Das Erlernen der hebräischen Schrift bietet Ihnen den ersten Zugang zur hebräischen Sprache. Ob Sie als Tourist nach Israel reisen, Theologe sind oder anderweitig am Hebräischen interessiert; mit Hilfe dieses Arbeitsbuches lernen Sie in einfachen und klaren Arbeitsschritten, ohne wissenschaftliche Erklärungen, in 6 Lektionen die hebräischen Buchstaben kennen.

Jede Lektion behandelt einen Vokal und 5 bis 6 Konsonanten in Druck- und Schreibschrift. Jeder neue Buchstabe wird auf einer Doppelseite vorgestellt. Auf der linken Seite wird Ihnen jeweils ein neuer Buchstabe präsentiert (rechts in Druck-, links in Schreibschrift) und Sie werden aufgefordert, ihn in der vorgegebenen Zeile nachzuschreiben.
Darunter finden Sie beispielhaft einzelne hebräische Wörter, in denen die gelernten Buchstaben vorkommen. Auch diese Wörter sind zum Nachschreiben gedacht. Zu jedem hebräischen Wort sind die Umschrift und die deutsche Übersetzung angegeben.
Auf der gegenüberliegenden rechten Seite können Sie sich durch verschiedenartige Darstellungen des Buchstabens, Ilustrationen und spielerische Aufgaben mit dem neuen Buchstaben vertraut machen.

Die Übungen am Ende jeder Lektion helfen Ihnen, sich die gelernten Buchstaben noch einmal einzuprägen und sie voneinander zu unterscheiden.

Die Reihenfolge, in der Sie die Buchstaben erlernen, weicht von der des Alphabets ab, das Buch beginnt mit den Buchstaben, die sich in Druck- und Schreibschrift ähneln. Am Ende des Buches sind in einer ausklappbaren Tabelle die Buchstaben mit Umschrift in der Reihenfolge des hebräischen Alphabets aufgelistet.

Wenn Sie die 6 Lektionen durchgearbeitet haben, sind Sie mit ein wenig Übung bald in der Lage, bekannte Wörter zu lesen und punktierte hebräische Texte zu entziffern. Und Sie können dann problemlos mit dem Lehrwerk "Ivrit Bekef - Hebräisch für Deutschsprachige" weitermachen.

Viel Spaß und Erfolg dabei!

Geschichte des modernen Hebräisch

Ivrit ist das hebräische Wort für Hebräisch. Das Hebräische ist neben dem Arabischen die offizielle und die gesprochene Sprache in Israel.

Bis Ende des 19. Jahrhunderts war Hebräisch eine so genannte tote Sprache, die nur im jüdischen Gottesdienst benutzt wurde. Als um 1890 in Israel die ersten Siedlungen von der Zionistischen Bewegung gegründet wurden, wurde die Sprache wieder zum Leben erweckt. Menschen aus verschiedenen Ländern kamen zusammen und sprachen ihre jeweilige Muttersprache. Die seit Generationen in Palästina lebenden Juden sprachen Arabisch. Einer der Neueinwanderer war Elieser Ben Yehuda, der die Meinung vertrat, nur mit einer gemeinsamen Sprache könnten die Juden in Israel ein Volk werden. Er und seine Anhänger setzten durch, dass Hebräisch in Israel zur gesprochenen Sprache wurde.
Elieser Ben Yehuda hat viele neue Wörter geprägt und das erste Hebräisch-Wörterbuch geschrieben.

Merkmale der hebräischen Schrift

Ivrit wird von rechts nach links geschrieben. Die Buchstaben werden beim Schreiben prinzipiell nicht miteinander verbunden. Das hebräische Alphabet umfasst 22 Buchstaben. Es sind alles Konsonanten. Einige von ihnen haben zusätzliche Varianten; daher behandeln wir hier 31 Buchstaben. Für alle gibt es eine Druck- und eine Schreibschrift, Groß- und Kleinbuchstaben werden nicht unterschieden.

Alle 22 Buchstaben haben auch einen Zahlenwert. Das jüdische Datum, Zahlen in der Bibel und manchmal auch Seitenzahlen werden durch die entsprechenden Buchstaben dargestellt. Im Alltag benutzt man in Israel allerdings arabische Ziffern. Diese werden gegen die hebräische Schreibrichtung von links nach rechts geschrieben.

Die Vokale

Das Hebräische ist eine Konsonantenschrift, d.h. Vokale spielen eine untergeordnete Rolle. Die Vokale werden als Punkte und Striche über und unter den Buchstaben gesetzt. Dies wird Punktierung genannt.
Im modernen Hebräisch schreibt man die Punktierung in der Regel nicht. Nur Wörterbücher, Poesie, Lehr- und Kinderbücher sowie Zeitungen für Neueinwanderer sind punktiert.

In den folgenden zwei Beispielen sehen Sie, wie es wäre, wenn man Deutsch in dieser Art schreiben würde:

1	2
Schlf, Kndchn schlf! m Hmml zhn d Schf	rstnt br dn frhn nrf, grff r nch dm Hrr, dr n dr Kchnwnd hng

Im ersten Beispiel handelt es sich um das bekannte Kinderlied "Schlaf, Kindchen, schlaf", im zweiten um einen Satz aus einem Roman. Sicherlich haben Sie bemerkt, dass man das Kinderlied sofort erkennt und bei dem anderen Beispiel länger überlegen und es mit verschiedenen Vokalen ausprobieren muss.

Im Hebräischen ist es vergleichbar. Als Anfänger brauchen Sie die Punktierung, um lesen zu können. Je größer Ihr Wortschatz ist, desto leichter erkennen Sie die Wörter wieder und können dann ohne Punktierung lesen.

Für jeden Vokal gibt es zwei oder drei unterschiedliche Zeichen. Im Buch werden sie kurz erklärt. In der heutigen Aussprache allerdings wird nicht mehr zwischen langen und kurzen Vokalen unterschieden. Sie werden meistens halblang ausgesprochen.

Die komplexen Punktierungsregeln für die einzelnen Zeichen werden hier nicht erläutert. Die Vokale sind für Sie in erster Linie eine Lesehilfe, und die ausführlichen Regeln würden an dieser Stelle zu Verwirrung führen.

Hebräische Texte erscheinen in zwei verschiedenen Schreibweisen.
In der **punktierten** Schrift wird der Text nach festgelegten Regeln punktiert.
Neben der punktierten Schrift gibt es eine **unpunktierte** Schreibweise. Man verzichtet auf die Punktierung und setzt dafür zusätzliche WAWs und JODs ein, die als Vokalträger fungieren und das Lesen erleichtern.
In diesem Buch haben wir trotz der punktierten Schreibweise häufig WAWs und JODs zusätzlich als Lesehilfe eingesetzt.

Das Dagesch

Das Dagesch ist ein Punkt in einem Konsonanten, der einen Hinweis zur Aussprache dieses Konsonanten gibt. Er kann in allen Konsonanten auftreten (mit Ausnahme der Kehllaute ALEF, HE, CHET und 'AJIN sowie RESCH) und zwei verschiedene Funktionen haben. In diesem Buch werden wir das Dagesch nur bei den drei Buchstaben verwenden, bei denen es im heutigen Hebräisch eine veränderte Aussprache markiert. Es kennzeichnet den Wechsel von "weichem" Reibelaut zu "hartem" Verschlusslaut: bei WET zu BET, Chaf zu KAF und FE zu PE.

Die Endbuchstaben

Fünf Konsonanten ändern ihre Form, wenn sie am Ende eines Wortes stehen. Sie werden Endbuchstaben "*ßofit*" genannt und sind im Buch jeweils extra aufgeführt.

Die Betonung

Bei der Aussprache der angegebenen Wörter sollten Sie beachten, dass hebräische Wörter in der Regel auf der letzten Silbe betont werden.

Das grammatische Geschlecht

Für Substantive gibt es im Hebräischen nur zwei Geschlechter: Maskulinum und Femininum. Ein Adjektiv wird in Geschlecht und Zahl seinem Substantiv angepasst. Im Gegensatz zum Deutschen unterscheiden die Verben im Hebräischen je nach dem Subjekt des Satzes zwischen einer maskulinen und einer femininen Form.

Der Apostroph

Ein Apostroph hat im Hebräischen unter anderem die Funktion eines Auslassungszeichens bei abgekürzten Wörtern. Außerdem wird es - und das ist in unserem Zusammenhang von Bedeutung - für die Schreibung fremdsprachiger Wörter und Namen benutzt, deren Aussprache sich nicht mit den hebräischen Buchstaben wiedergeben lässt. In dem Fall kennzeichnet ein Apostroph, dass der betreffende Buchstabe in einer bestimmten, abweichenden Weise auszusprechen ist.

Danke!

Vielen Dank an Dafna Tzur, Ruth Moses und Zivit Hause, die für mich israelische Quittungen, Eintrittskarten und Verpackungen israelischer Produkte liebevoll gesammelt haben.
Ein großer Dank auch an Hartmut Jokisch und an Henning Wötzel-Herber, die mir die schönen Fotos zur Verfügung gestellt haben.

Abkürzungen

m.	Maskulinum Singular
f.	Femininum Singular
m.Pl.	Maskulinum Plural
f.Pl.	Femininum Plural
ugs.	Umgangssprache

ק	ק	ק
ק	ק	ק
ק	ק	ק

קוֹף Kof

Aussprache [k] wie in **K**önig

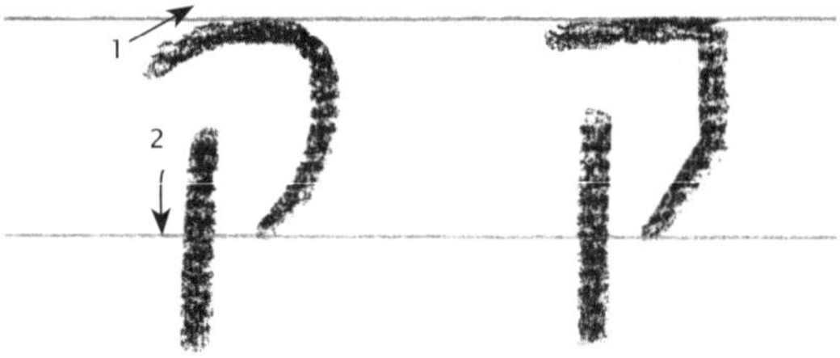

Schreiben Sie:
(von rechts nach links)

ק

Vokal [a]

Der Vokal **[a]** wird mit den folgenden Zeichen unter den Buchstaben dargestellt:

ַ ָ ֲ

Lesen Sie und schreiben Sie in Schreibschrift:
(von rechts nach links)

ka קָ

ka קַ

ka קֲ

קַר

רֵישׁ Resch

Aussprache [r] wie in **R**abe

Schreiben Sie:
(von rechts nach links)

Lesen Sie und schreiben Sie in Schreibschrift:
(von rechts nach links)

kalt *kar (m.)* קַר

nur *rak* רַק

ח ח ח

ח ח ח

ח ח ח

ח ח ח

ח ח ח

ח ח ח

ח ח ח

ח ח ח

ח ח ח

חֵית Chet

Ausspräche [ch] wie in Sa**ch**e

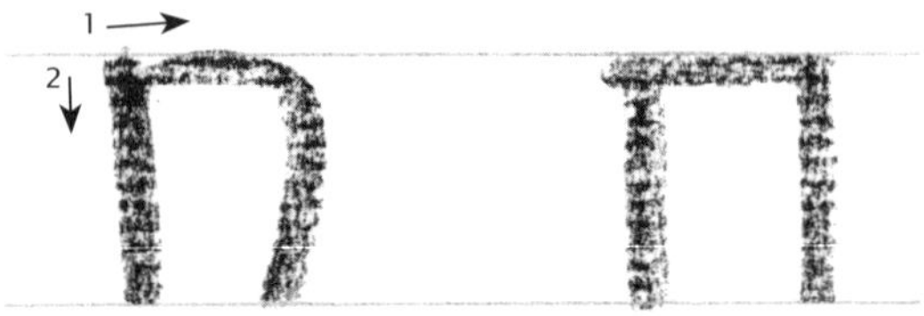

Schreiben Sie:
(von rechts nach links)

ח

Lesen Sie und schreiben Sie in Schreibschrift:
(von rechts nach links)

(er) knirschte	*charak*	חָרַק
(er) forschte	*chakar*	חָקַר
nimm!	*kach (m.)*	קַח

Markieren Sie jedes Taw. Wie viele sind es?
Malen Sie sie gerne farbig aus.

ת ת ת ת ת ת ת ת

תָו Taw

Aussprache [t] wie in **T**ag

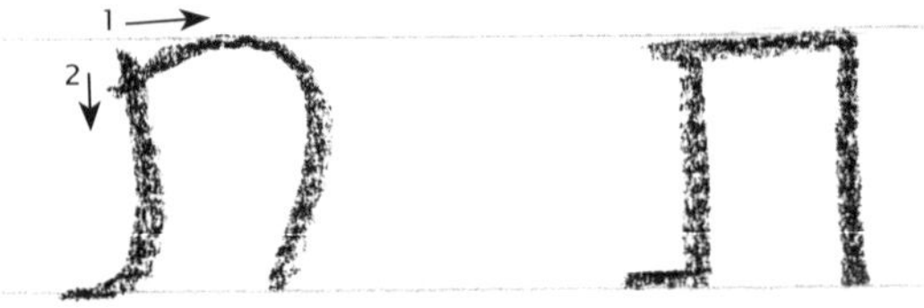

Schreiben Sie:
(von rechts nach links)

ת 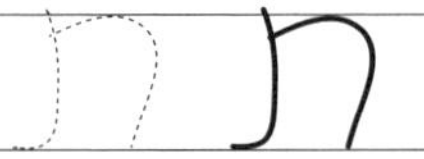

Lesen Sie und schreiben Sie in Schreibschrift:
(von rechts nach links)

(er) bereist	*tar*	תָר
unter	*tachat*	תַחַת
Glatze	*karachat (f.)*	קָרַחַת

Jod ist auch ein Vokalträger für [i].

יוֹד
Jod

Aussprache [j] wie in Jahr

Schreiben Sie:
(von rechts nach links)

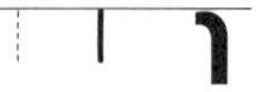

Lesen Sie und schreiben Sie in Schreibschrift:
(von rechts nach links)

teuer	*jakar (m.)*	יָקָר
Tourist	*tajar*	תָיָיר
(er) spuckte	*jarak*	יָרַק
(er) lebt	*chaj*	חַי

ה ה ה	ה ה ה	ה ה ה

Welche Buchstaben erkennen Sie?

!

He am Ende eines Wortes ist ein Kennzeichen für ein **[e]**, **[a]** und manchmal **[o]** im Auslaut.

kalt	*kara (f.)*	קָרָה
Schläfe	*raka (f.)*	רַקָּה
Tee	*te (m.)*	תֵּה

In der Umschrift wird das **He** am Wortende weggelassen, weil es die Aussprache nicht beeinflusst.

הֵא He

Aussprache [h] wie in **H**eimat

Schreiben Sie:
(von rechts nach links)

Lesen Sie und schreiben Sie in Schreibschrift:
(von rechts nach links)

Berg	*har (m.)*	הַר
hallo	*haj*	הַי
Tier	*chaja (f.)*	חַיָּה
kalt	*kara (f.)*	קָרָה

תַּרְגִּילִים
Übungen

1. Bilden Sie die entsprechenden Paare:

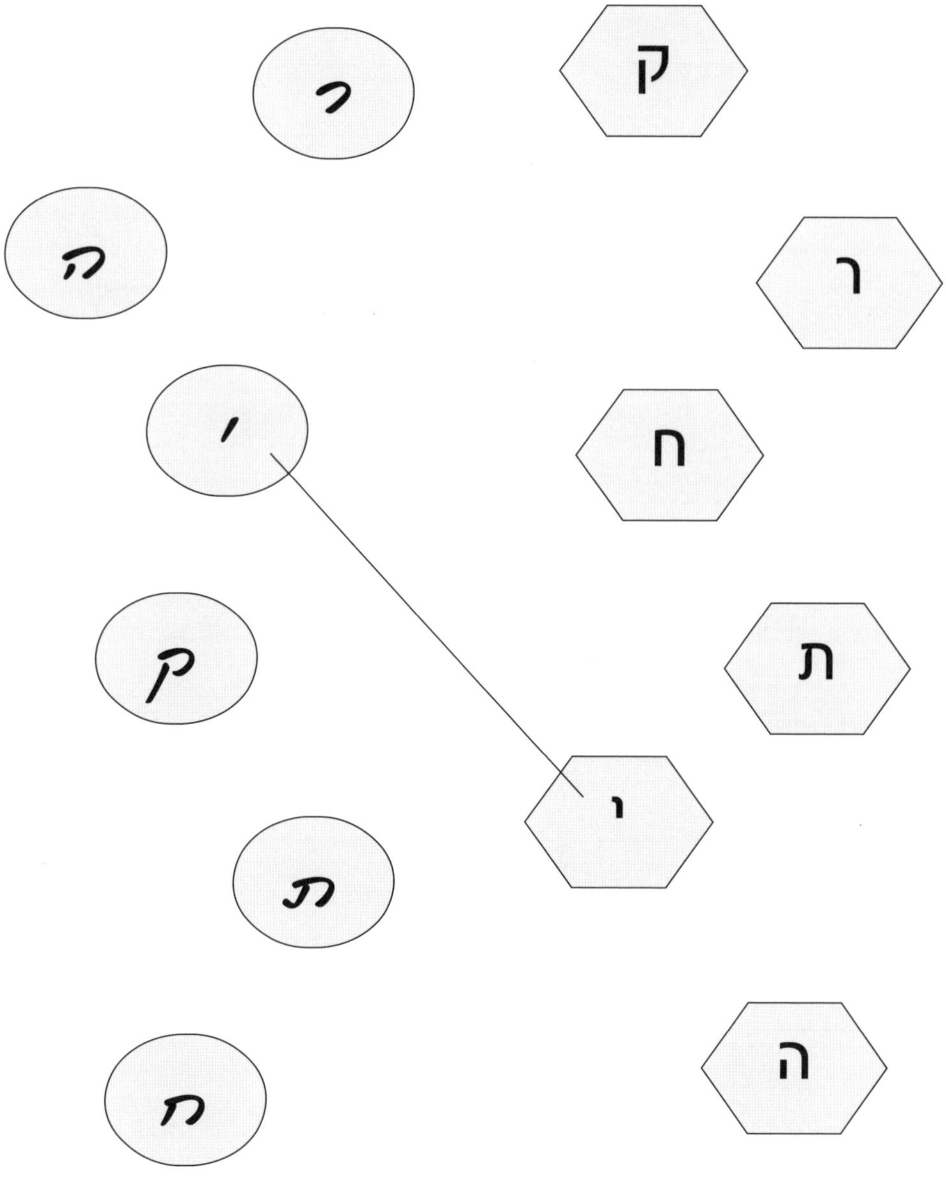

תַרְגִילִים
Übungen

2 . Markieren Sie die richtigen Buchstaben:

ה - ה ה ר ה ר ק ק

ח - ח ח ת ח ת ת ת

ר - ר ר ה ר ה ה ר

ת - ח ת ח ה ת ת ח ח ר ה

ק - ק ק ר ח ר ה ה ק ח ר ק

י - ר ר י ר ה י ר ק י י ר י ק

ה - ה ה ר ה ר ק ק

ח - ח ח ת ח ת ת ת

ר - ר ר ה ר ה ה ר

תַרְגִילִים
Übungen

3. Lesen Sie und schreiben Sie in Schreibschrift (von rechts nach links):

Glatze	*karachat (f.)*	קָרַחַת
die Glatze	*hakarachat (f.)*	הַקָרַחַת
Berg	*har (m.)*	הַר
kalt	*kar (m.)*	קַר
Tier	*chaja (f.)*	חַיָּה
das Tier	*hachaja (f.)*	הָחַיָּה
unter	*tachat*	תַחַת
Tourist	*tajar (m.)*	תָיָיר
der Tourist	*hatajar (m.)*	הַתָיָיר
(er) lebt	*chaj*	חַי
teuer, lieb	*jakar (m.)*	יָקָר
nimm!	*kach (m.)*	קַח
(er/es) war	*haja (m.)*	הָיָה
hallo (aus dem Englischen)	*haj*	הַי

Vokal [i]

Der Vokal **[i]** wird mit den folgenden Zeichen dargestellt:

ִי ִ

Lesen Sie und schreiben Sie in Schreibschrift:
(von rechts nach links)

	ki	קִי / קִ
	ri	רִי / רִ
	chi	חִי / חִ
	ti	תִי / תִ
Tasche	*tik (m.)*	תִיק
Wand	*kir (m.)*	קִיר
Untersuchung	*chakira (f.)*	חֲקִירָה
Ruder	*chatira (f.)*	חֲתִירָה
kühl	*karir (m.)*	קָרִיר

מממממממממממממם

מממ

מממממממממממממם

מממ

מממ

Markieren Sie jedes Mem. Wie viele finden Sie?

מממממממממממממממממממממממ

מֵם Mem

Aussprache [m] wie in **M**ond

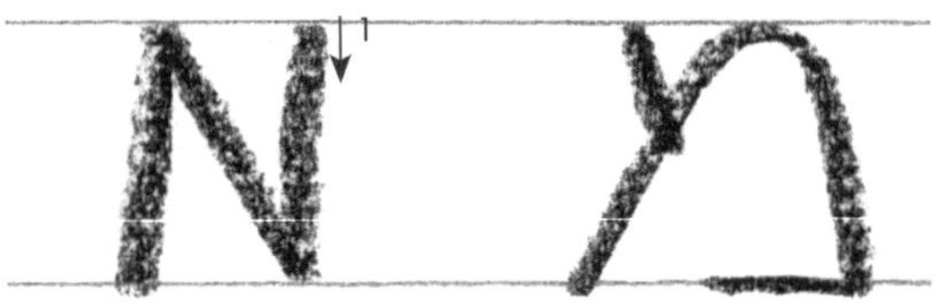

Schreiben Sie:
(von rechts nach links)

מ

Lesen Sie und schreiben Sie in Schreibschrift:
(von rechts nach links)

wer	*mi*	מִי
was	*ma*	מַה
wann	*mataj*	מָתַי
morgen	*machar*	מָחָר
(sie) steht auf	*kama*	קָמָה
Rami (Vorname)	*rami (m.)*	רָמִי

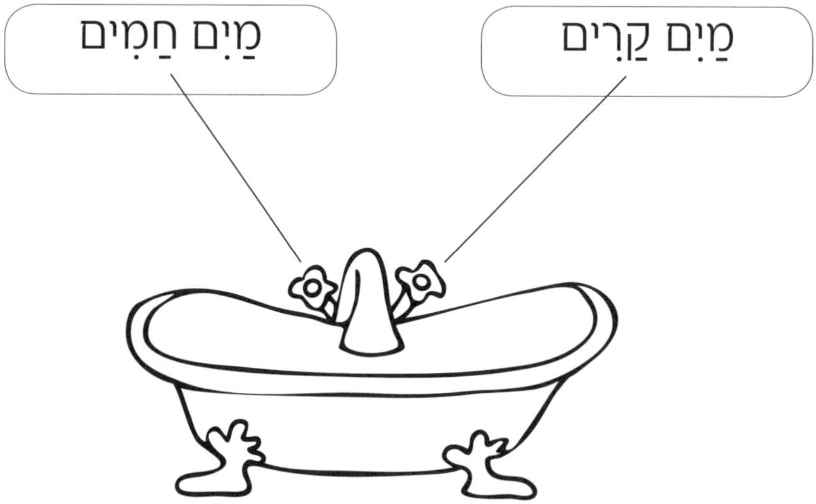
מַיִם חַמִּים
מַיִם קָרִים

מֵם סוֹפִית
Mem ßofit

Aussprache [m] wie in Baum

Das Mem ßofit ist
ein Endbuchstabe und erscheint
daher nur am Ende eines Wortes.

Schreiben Sie:
(von rechts nach links)

Lesen Sie und schreiben Sie in Schreibschrift:
(von rechts nach links)

warm, heiß	*cham (m.)*	חַם
Tage	*jamim (m.Pl.)*	יָמִים
Meer	*jam (m.)*	יָם
Wasser	*majim (m.Pl.)*	מַיִם
(sie) stehen auf	*kamim (m.Pl.)*	קָמִים
Leben	*chajim (m.Pl.)*	חַיִּים

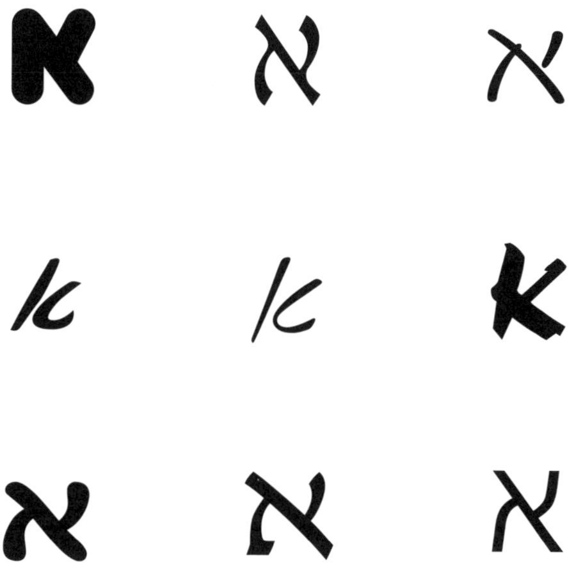

Die Aussprache von **Alef** hängt von dem Vokalzeichen ab, das es bekommt, z.B.:
[a] - אַ, [e] - אֶ, [i] - אִ, [o] - אוֹ oder [u] - אוּ.

In der Umschrift wird das Alef am Anfang und innerhalb eines Wortes mit dem Zeichen ' dargestellt. Am Wortende wird es weggelassen, weil es sich nicht auf die Aussprache auswirkt.

אָלֶף Alef

Alef ist ein stummer Konsonant.

Er kann jedes Vokalzeichen tragen, das dann die Aussprache festlegt.

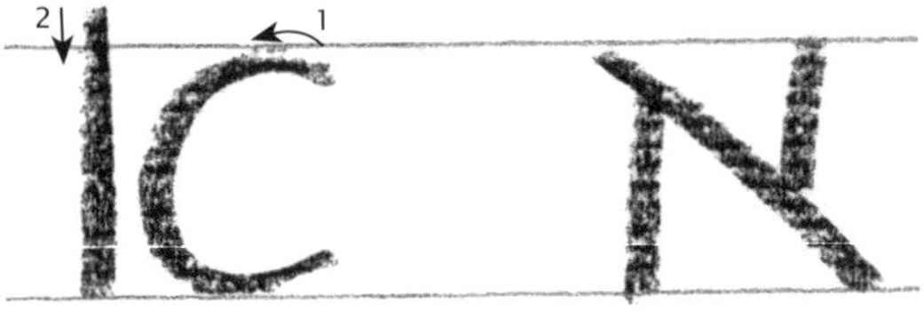

Schreiben Sie:
(von rechts nach links)

Lesen Sie und schreiben Sie in Schreibschrift:
(von rechts nach links)

du	*'ata (m.)*	אַתָּה
du	*'at (f.)*	אַת
sie	*hi (f.Sg)*	הִיא
Mutter	*'ima*	אִימָא
(er) sah	*ra'a*	רָאָה
(er) las	*kara*	קָרָא

נ נ נ נ נ

נוּן Nun

Aussprache [n] wie in Ba**n**ane

Schreiben Sie:
(von rechts nach links)

נ

Lesen Sie und schreiben Sie in Schreibschrift:
(von rechts nach links)

ich	*'ani (m.+f.)*	אֲנִי
(er) ruht sich aus	*nach*	נָח
(sie) ruht sich aus	*nacha*	נָחָה
nach rechts	*jamina*	יָמִינָה
Geschenk	*matana (f.)*	מַתָנָה
Hannah (Vorname)	*chana (f.)*	חַנָה

Finden Sie die folgenden Buchstaben:
Alef, He, Chet, Jod, Mem, Nun, Nun ßofit, Kof und Taw.
Malen Sie sie am besten mit verschiedenen Farben aus.

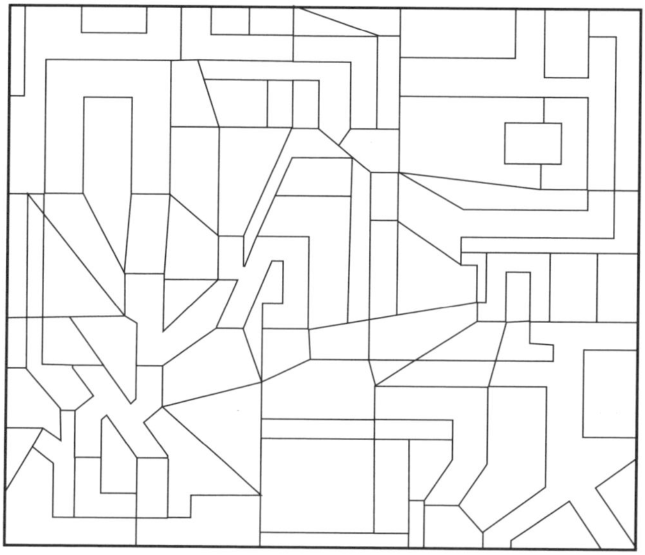

נוּן סוֹפִית
Nun ßofit

Aussprache [n] wie in Ma**nn**.

Das Nun ßofit ist
ein Endbuchstabe und erscheint
daher nur am Ende eines Wortes.

Schreiben Sie:
(von rechts nach links)

ן

Lesen Sie und schreiben Sie in Schreibschrift:
(von rechts nach links)

Wein	*jajin (m.)*	יַיִן
Bräutigam	*chatan (m.)*	חָתָן
rechts	*jamin*	יָמִין
(er) gab	*natan*	נָתַן
Chanan (Vorname)	*chanan (f.)*	חָנָן
von, ab	*min*	מִן

Finden Sie die unten aufgeführten Wörter:

ד	ס	צ	א	ך	ב	ג	ל	ק	ד	כ	ש
כ	י	ד	ח	פ	ש	ע	ה	ר	י	ס	ף
ש	ן	פ	כ	ד	ג	ד	פ	ל	ע	ז	ש
ה	ב	ע	א	מ	י	א	ש	ץ	ח	כ	ל
י	ף	צ	נ	ף	ם	ט	ע	ף	ם	י	מ
ק	ך	ש	י	ל	ג	צ	ב	ג	ד	ף	צ
ר	ה	ז	כ	ד	ב	ן	י	י	ץ	ש	ד
ג	ץ	ש	ו	ת	א	ז	כ	צ	ה	ת	א
א	ב	ד	ז	כ	ך	ג	ל	מ	פ	ע	ג
ס	ע	ג	ה	ל	ש	ט	ת	ח	ר	ק	ש
ר	כ	ר	י	י	ת	כ	ד	ר	ך	צ	ע
ד	ש	ף	א	ע	ט	ש	ז	ג	ן	ת	ח

סירה אימא היא מחר

אסר אני ים ~~מים~~

היקר אתה חם אח

הר תייר קרחת קר

את סין יין חתן

סָמֶך ßamech

Aussprache [ß] wie in heiß

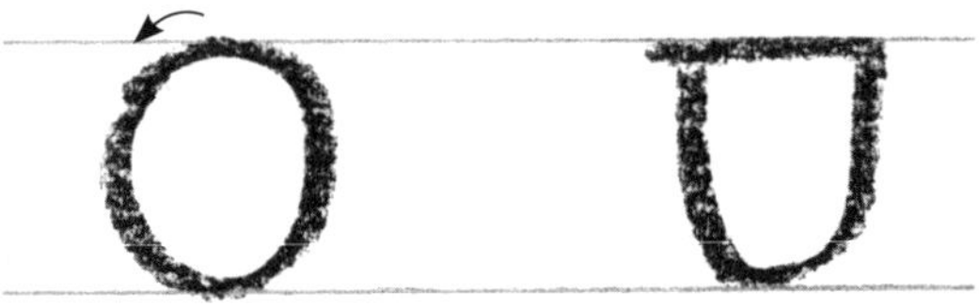

Schreiben Sie:
(von rechts nach links)

ס

Lesen Sie und schreiben Sie in Schreibschrift:
(von rechts nach links)

Boot	*ßira (f.)*	סִירָה
China	*ßin*	סִין
Chinesisch	*ßinit*	סִינִית
(er) handelte	*ßachar*	סָחַר
(er) verbot	*'aßar*	אָסַר
Sima (Vorname)	*ßima (f.)*	סִימָה

תַּרְגִּילִים
Übungen

1. Bilden Sie die entsprechenden Paare:

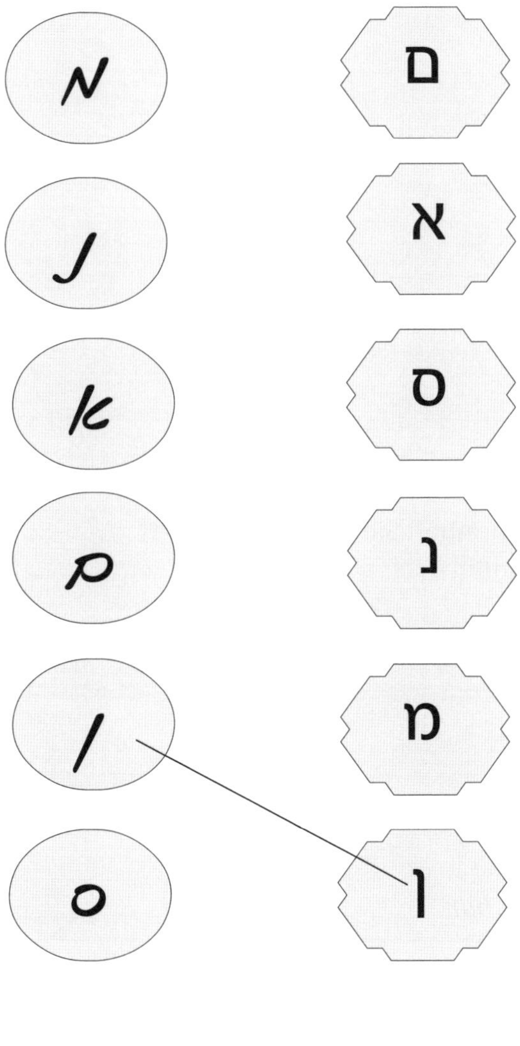

תַּרְגִּילִים
Übungen

2. Markieren Sie das richtige Wort:

אני	ארי	אןי	**(אני)**	ראן
אתה	תאה	אתה	אתח	אתר
מים	חיים	חימ	מיס	מים
סירה	סירה	מירה	סירק	סירח

היא	חיא	היא	הנא	םיא
אימא	אימס	הימא	איםא	אימא
ים	ימ	ים	יס	יח
מחר	מהר	מחר	חמר	מקר

תַּרְגִּילִים
Übungen

3. Lesen Sie und schreiben Sie in Schreibschrift (von rechts nach links):

mi 'at? Wer bist du?	מִי אַתְּ?
mi 'ata? Wer bist du?	מִי אַתָּה?
mi hi? Wer ist sie?	מִי הִיא?
'ani chana. Ich bin Hannah.	אֲנִי חַנָּה.
'ani chanan. Ich bin Chanan.	אֲנִי חָנָן.
nina kama. Nina steht auf.	נִינָה קָמָה.
nir kam. Nir steht auf.	נִיר קָם.
chanan nach. Chanan ruht sich aus.	חָנָן נָח.
mira nacha. Mira ruht sich aus.	מִירָה נָחָה.
hi 'ima. Sie ist Mutter.	הִיא אִמָּא.
haj, 'ani mimi. Hallo, ich bin Mimi.	הַי, אֲנִי מִימִי.

Vokal [e]

Der Vokal **[e]** wird mit den folgenden Zeichen dargestellt:

◌ֵ ◌ֶ ◌ֱ

Lesen Sie und schreiben Sie in Schreibschrift:
(von rechts nach links)

ihr	*'atem (m.Pl.)*	אַתֶם
ihr	*'aten (f.Pl.)*	אַתֶן
sie	*hem (m.Pl.)*	הֵם
sie	*hen (f.Pl.)*	הֵן
es gibt nicht	*'ejn*	אֵין
Wunder	*neß (m.)*	נֵס
woher	*me'ajin*	מֵאַיִן
Tee	*te (m.)*	תֵה
Amen	*'amen*	אָמֵן

שׁ שׁ שׁ שׁ

שׁ שׁ שׁ שׁ שׁ שׁ

שׁ שׁ שׁ שׁ

שׁ שׁ שׁ שׁ שׁ שׁ

שׁ שׁ שׁ שׁ שׁ שׁ

שׁ שׁ שׁ שׁ שׁ שׁ

שִׁין Schin

Aussprache [sch] wie in **Sch**irm

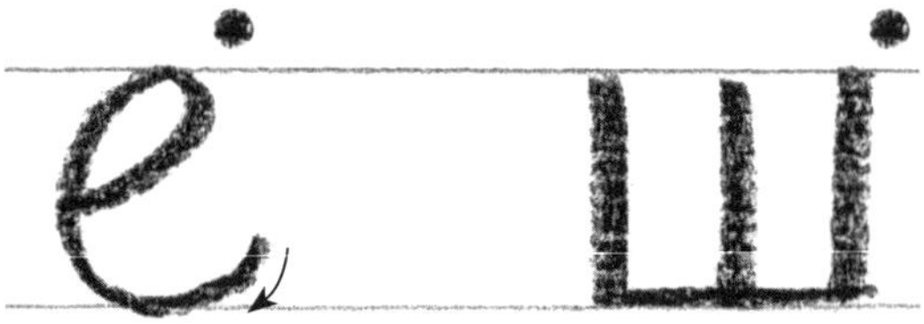

Schreiben Sie:
(von rechts nach links)

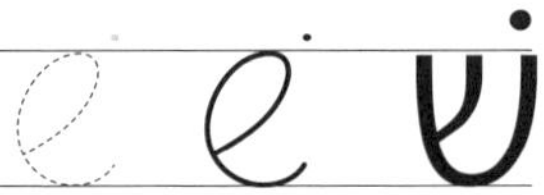

Lesen Sie und schreiben Sie in Schreibschrift:
(von rechts nach links)

es gibt	*jesch*	יֵשׁ
Sonne	*schemesch (f.)*	שֶׁמֶשׁ
Öl	*schemen (m.)*	שֶׁמֶן
(sie) singt	*schara*	שָׁרָה
Mann	*'isch (m.)*	אִישׁ
Frau	*'ischa (f.)*	אִישָׁה

שָׂרָה שָׂרָה שִׁיר שָׂמֵחַ

שׂ שׂ

!

ßamech und **ßin** werden gleich ausgesprochen und werden in der Umschrift mit *ß* bezeichnet.
Zum Beispiel:

שָׂכָר *ßachar* Lohn (m.)

סֶכֶר *ßecher* Deich (m.)

שׂין ßin

Aussprache [ß] wie in heiß

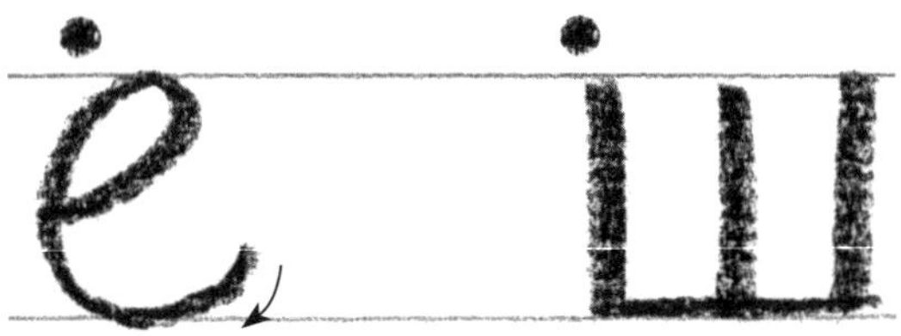

Schreiben Sie:
(von rechts nach links)

שׂ

Lesen Sie und schreiben Sie in Schreibschrift:
(von rechts nach links)

Sarah (Vorname)	*ßara (f.)*	שָׂרָה
fröhlich	*ßameach (m.)*	שָׂמֵחַ
Tüte	*ßakit (f.)*	שַׂקִּית
Lastwagen	*maßa'it (f.)*	מַשָׂאִית
(sie) stellt hin	*ßama*	שָׂמָה
(er) stellt hin	*ßam*	שָׂם

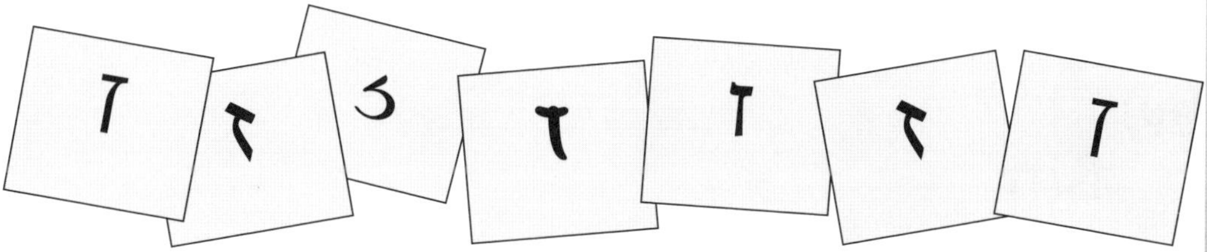

Sajin mit Apostroph ז' wird zur Wiedergabe von fremdsprachlichen Lauten benutzt. Aussprache [ʒ] wie im französischen **J**ean.

ז̱'אק *ʒak* Jacque

בֶּז' *beʒ* beige

זַיִן Sajin

Aussprache [s] wie in **S**onne

Schreiben Sie:
(von rechts nach links)

ז

Lesen Sie und schreiben Sie in Schreibschrift:
(von rechts nach links)

dieser, dieses	*se (m.)*	זֶה
dünn	*rase (m.)*	רָזֶה
dünn	*rasa (f.)*	רָזָה
dann	*'as*	אָז
(er) kehrte zurück	*chasar*	חָזַר
alt	*saken (m.)*	זָקֵן

Finden Sie die unten aufgeführten Wörter:

צ	ד	ך	ב	ח	ף	ג	ץ	כ	ג	פ	ד
א	ט	ד	ע	ם	י	צ	ר	ד	ף	ר	ק
ז	ג	ט	ך	ף	ש	פ	ז	ף	ך	ק	ב
ך	פ	ך	ב	כ	צ	ף	ה	ת	ף	כ	ג
ף	ג	ד	ף	ל	ע	כ	ע	פ	ד	ף	ך
כ	ף	ה	ל	ח	צ	ב	ד	צ	י	ל	ש
ג	ד	ע	ף	ם	י	ד	פ	ג	ף	צ	מ
ש	י	א	ב	ך	ך	צ	ך	ט	ה	ר	ש
צ	פ	י	ט	ג	ף	ד	ע	ג	ף	ץ	ך
ד	כ	ש	ך	ף	ה	מ	ל	פ	ד	ם	ש
ץ	ט	ה	ע	ג	פ	צ	ף	ד	ף	ג	ט
י	ל	פ	כ	ה	ר	ו	מ	ב	ן	מ	א

לחם	חלה	למה	שלי
אז	רזה	תה	לי
ים	שמש	שרה	~~אמן~~
יש	רק	קר	חם
שם	מורה	אישה	איש

ללל ללל ללל ללל ללל ללל ללל ללל

Lektion 3 שיעור

לָמֶד Lamed

Aussprache [l] wie in **L**eiter

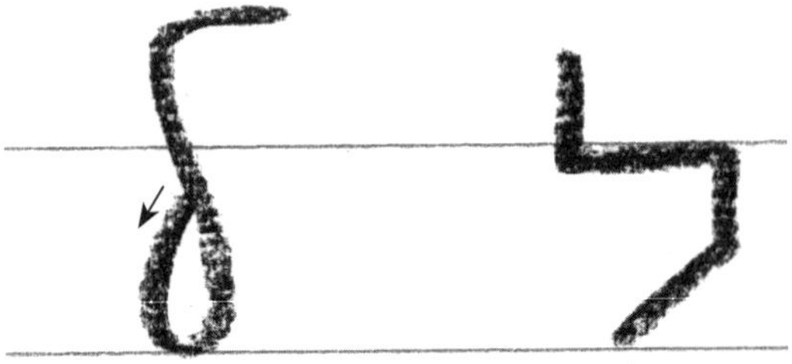

Schreiben Sie:
(von rechts nach links)

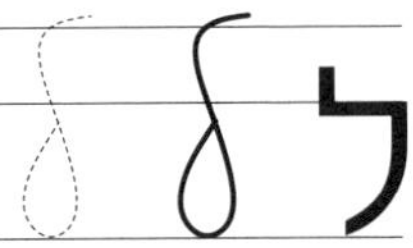

Lesen Sie und schreiben Sie in Schreibschrift:
(von rechts nach links)

mir	*li*	לִי
von	*schel*	שֶׁל
mein	*scheli*	שֶׁלִּי
warum	*lama*	לָמָה
Hefezopf für Schabbat	*chala (f.)*	חַלָּה
Brot	*lechem (m.)*	לֶחֶם

IIII))))) ווווו ||||| ///// וווו)))))) IIIII

Markieren Sie jedes Waw. Wie viele finden Sie?

IIII))))) ווווו ||||| ///// וווו)))))) IIIII

!

Waw ist auch ein Vokalträger für [**o**] und [**u**].

וָו Waw

Aussprache [w] wie in **W**al

Schreiben Sie:
(von rechts nach links)

ו

Lesen Sie und schreiben Sie in Schreibschrift:
(von rechts nach links)

Eva (Vorname)	*chawa (f.)*	חַוָּה
Haken	*waw (m.)*	וָו
gleich	*schawe (m.)*	שָׁוֶה
Griechenland	*jawan*	יָוָן
Villa	*wila (f.)*	וִילָה
Vanille	*wanil*	וָנִיל

Lektion 3 שיעור

Vokal Schwa ◌ְ kurzes [e]

Wenn das Schwa am Wort- oder Silbenanfang steht, wird es entweder wie ein kurzes oder wie ein nur gehauchtes [**e**] ausgesprochen.

Lesen Sie und schreiben Sie in Schreibschrift:
(von rechts nach links)

und	*we...*	וְ...
und du	*we'ata (m.)*	וְאַתָּה
und du	*we'at (f.)*	וְאַת
Mimi und Lilly	*mimi welili*	מִימִי וְלִילִי
Entschuldigung	*ßlicha*	סְלִיחָה
wohin	*le'an*	לְאָן
zu, für	*le...*	לְ...

Vokal Schwa ְ stumm

Wenn das Schwa am Silbenende steht, hört man keine Andeutung eines Vokals.

Lesen Sie und schreiben Sie in Schreibschrift:
(von rechts nach links)

Israel	*jißrael*	יִשְׂרָאֵל
Anja (Vorname)	*'anja (f.)*	אַנְיָה
(sie) las	*kar'a*	קָרְאָה
(sie) kaufte	*kanta*	קָנְתָה
mündliche Lehre	*mischna*	מִשְׁנָה
Asien	*'aßja*	אַסְיָה

תַּרְגִּילִים
Übungen

1. Bilden Sie die entsprechenden Paare:

ו שׁ ז שׁ ל
ז ל שׁ ו שׁ

ם ס ק ו שׁ ז ח שׁ ל ן א
ח ז א ל ם שׁ ן ו ס שׁ ק

חם שם מה זה הם אתן אתם של
של הם אתן שם מה חם זה אתם

זקן שקית משאית קרחת שלי סליחה
קרחת סליחה משאית שלי זקן שקית

תַרְגִילִים
Übungen

2. Lesen Sie und schreiben Sie in Schreibschrift (von rechts nach links):

שָׂרָה שָׁרָה.

ßara schara.
Sarah singt.

אֲנִי הָאִימָא שֶׁל נִירָה.

'ani ha'ima schel nira.
Ich bin die Mutter von Nira.

סְלִיחָה, אַת מִימִי?

ßlicha, 'at mimi?
Entschuldigung, bist du Mimi?

לָמָה אַת שָׁרָה?

lama 'at schara?
Warum singst du?

מִי זֶה? - זֶה רָמִי.

mi se? - se rami.
Wer ist das? - Das ist Rami.

מַה זֶה? - זֶה לֶחֶם.

ma se? - se lechem.
Was ist das? - Das ist Brot.

אֲנִי מִיִשְׂרָאֵל.

'ani mijißrael.
Ich bin aus Israel.

תַּרְגִּילִים
Übungen

אֲנִי מִסִּין, וְאַתָּה?
'ani mißin, we'ata?
Ich bin aus China, und du?

אֲנִי אָח שֶׁל נִינָה.
'ani 'ach schel nina.
Ich bin der Bruder von Nina.

הִיא חַוָּה. הִיא מִיִּשְׂרָאֵל.
hi chawa. hi mijißrael.
Sie ist Eva. Sie ist aus Israel.

אַתֶּם מִסִּין?
'atem mißin?
Seid ihr aus China?

הֵן מִיָּוָן.
hen mijawan.
Sie sind aus Griechenland.

מֵאַיִן הֵם?
me'ajin hem?
Woher sind sie?

הֵם מִיִּשְׂרָאֵל.
hem mijißra'el.
Sie sind aus Israel.

לְאָן? - לַיָּם!
le'an? - lajam!
Wohin? - Ans Meer!

Vokal [o]

Der Vokal **[o]** wird mit den folgenden Zeichen dargestellt:

ֹ וֹ

Lesen Sie und schreiben Sie in Schreibschrift:
(von rechts nach links)

Frieden; Grußwort	*'schalom (m.)*	שָׁלוֹם
Lehre, die fünf Bücher Mose	*tora (f.)*	תוֹרָה
Lehrer	*more (m.)*	מוֹרֶה
Lehrerin	*mora (f.)*	מוֹרָה
nein	*lo*	לֹא
Tag	*jom (m.)*	יוֹם
heute	*hajom*	הַיוֹם
diese	*sot (f.)*	זֹאת
(er) sagt	*'omer*	אוֹמֵר
oder	*'o*	אוֹ

זֶה בֵּן אוֹ בַּת?

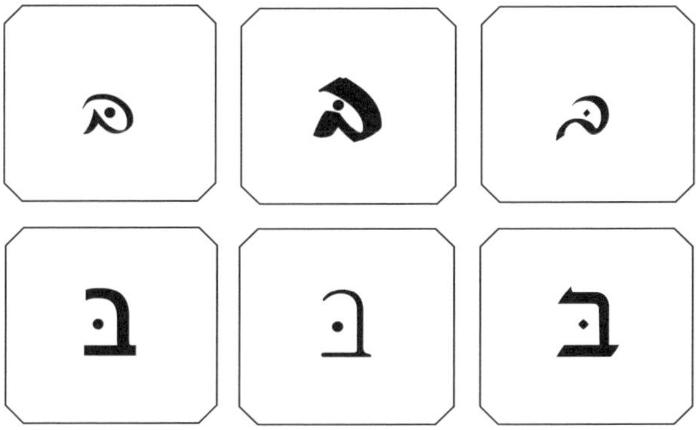
בּ
בּ
בּ

בַּיִת
Bet

Aussprache [b] wie in **B**allon

Schreiben Sie:
(von rechts nach links)

Lesen Sie und schreiben Sie in Schreibschrift:
(von rechts nach links)

Vater	*'aba (m.)*	אַבָּא
Sohn	*ben (m.)*	בֵּן
Tochter	*bat (f.)*	בַּת
Haus	*bajit (m.)*	בַּיִת
Morgen	*boker (m.)*	בּוֹקֶר
Bier	*bira (f.)*	בִּירָה

ב
ב
ב
ב
ב
ב

ב ב ב ב

Waw und **Wet** werden gleich ausgesprochen und werden in der Umschrift mit *w* bezeichnet.
Zum Beispiel:

דָּבָר *dawar (m.)* Sache

דַּוָּר *dawar (m.)* Briefträger

בֵית
Wet

Aussprache [w] wie in **W**al

Schreiben Sie:
(von rechts nach links)

Lesen Sie und schreiben Sie in Schreibschrift:
(von rechts nach links)

Freund	*chawer (m.)*	חָבֵר
Freunde	*chawerim (m.Pl.)*	חֲבֵרִים
Rabbiner	*raw (m.)*	רַב
Frühling	*'awiw (m.)*	אָבִיב
aber	*'awal*	אֲבָל
Tel Aviv	*tel 'awiw*	תֵל אָבִיב

ט ט ט ט ט ט ט ט ט ט ט ט ט
ט ט ט ט ט ט ט ט ט ט ט ט
ט ט ט ט ט ט ט ט ט ט ט

Markieren Sie jedes Tet. Wie viele finden Sie?

Tet und **Taw** werden gleich ausgesprochen und werden in der Umschrift mit *t* bezeichnet.
Zum Beispiel:

טַלִּית ***talit*** *(f.)* Gebetsschal

טֵית Tet

Aussprache [t] wie in **T**ag

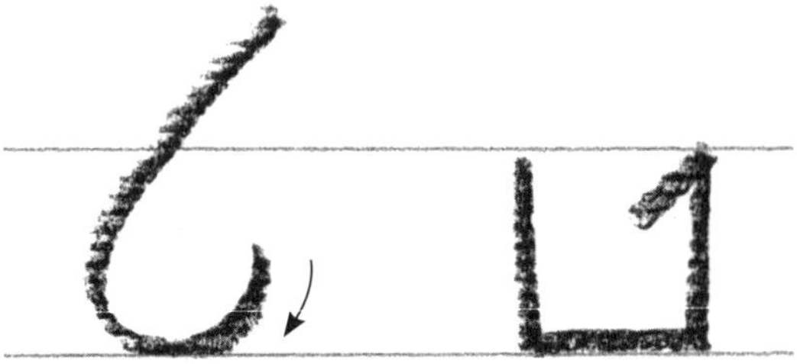

Schreiben Sie:
(von rechts nach links)

ט

Lesen Sie und schreiben Sie in Schreibschrift:
(von rechts nach links)

gut	*tow (m.)*	טוֹב
gut	*towa (f.)*	טוֹבָה
sicher!	*betach*	בֶּטַח!
Geschichte	*hißtorja (f.)*	הִיסְטוֹרְיָה
(er) fliegt	*taß*	טָס
(sie) fliegen	*taßim (m.Pl.)*	טַסִים

ג ג ג ג ג ג ג ג ג ג ג ג ג ג ג ג ג

Gimel mit Apostroph ג' wird zur Wiedergabe von fremdsprachlichen Lauten benutzt. Aussprache [dʒ] wie im Englischen **G**eor**g**e.

גִ'ינְס *dʒinß* Jeans

גִ'ירָפָה *dʒirafa* Giraffe

גִּימֶל Gimel

Aussprache [g] wie in **G**iraffe

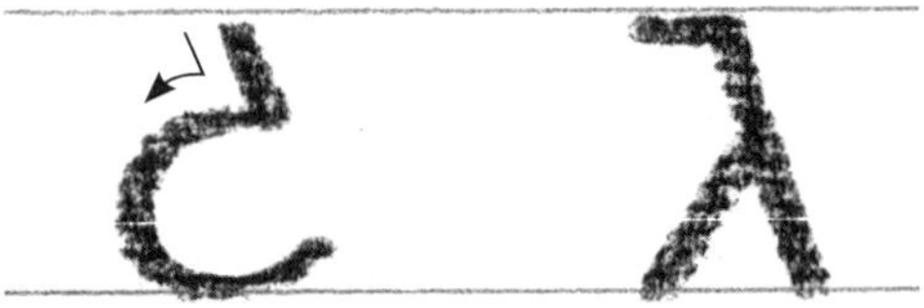

Schreiben Sie:
(von rechts nach links)

Lesen Sie und schreiben Sie in Schreibschrift:
(von rechts nach links)

auch	*gam*	גַם
Fest, Feiertag	*chag (m.)*	חַג
Gürtel	*chagora (f.)*	חֲגוֹרָה
(er) beendet	*gomer*	גוֹמֵר
(sie) beendet	*gomeret*	גוֹמֶרֶת
Deutschland	*germanja*	גֶרְמַנְיָה

ד ד ד
ד ד ד
ד ד ד
ד ד ד
ד ד ד
ד ד ד
ד ד ד
ד ד ד
ד ד ד
ד ד ד
ד ד ד
ד ד ד
ד ד ד

דָלֶת Dalet

Aussprache [d] wie in **D**ach

Schreiben Sie:
(von rechts nach links)

ד

Lesen Sie und schreiben Sie in Schreibschrift:
(von rechts nach links)

groß	*gadol (m.)*	גָדוֹל
groß	*gdola (f.)*	גְדוֹלָה
Kind, Junge	*jeled (m.)*	יֶלֶד
Kind, Mädchen	*jalda (f.)*	יַלְדָה
Schüler	*talmid (m.)*	תַלְמִיד
Schülerin	*talmida (f.)*	תַלְמִידָה

תַּרְגִּילִים
Übungen

1. Bilden Sie die entsprechenden Paare:

חולה	תלמיד	בּ	ג
בירה	סטודנט	ד	ד
סטודנט	בוקר	ג	בּ
תלמיד	בירה	ט	ב
בוקר	חולה	ב	ט

טוב	חדש	ישראל	שלום
חדש	חברה	ילד	בית
חברה	טוב	שלום	גדול
גרמניה	סבא	גדול	ישראל
סבא	גרמניה	בית	ילד

תַּרְגִּילִים
Übungen

2. Streichen Sie die falschen Wörter durch:

חבר	חבר	חבד	תבד	קבר
בית	~~בות~~	~~ביח~~	בית	~~רית~~
בוקר	ביקר	קובר	בוקר	בוהר
דג	רג	גד	חג	דג
שלום	*שלום*	*שלים*	*שלוס*	*שטום*
ישראל	*יסראל*	*ישראל*	*ישרטל*	*ושראל*
היום	*הוום*	*היוס*	*היומ*	*היום*
חולה	*חוטה*	*חולה*	*חולת*	*תולה*
חברה	חברח	חברה	הברה	חבוה
זאת	זטות	זאח	זאת	ואת
דגים	רגים	רגיס	דגים	דוים
תלמיד	תלמיד	חלמיד	חלמיר	תלסיד

תַּרְגִּילִים
Übungen

3. Lesen Sie und schreiben Sie in Schreibschrift (von rechts nach links):

הִיא מוֹרָה חֲדָשָׁה.
hi mora chadascha.
Sie ist eine neue Lehrerin.

אֲנִי תַּלְמִיד חָדָשׁ.
'ani talmid chadasch.
Ich bin ein neuer Schüler.

מִימִי חֲבֵרָה שֶׁל לִילִי.
mimi chawera schel lili.
Mimi ist eine Freundin von Lilly.

אַתָּה מוֹרֶה לְאַנְגְּלִית?
'ata more le'anglit?
Bist du Lehrer für Englisch?

לֹא, אֲנִי מוֹרֶה לְגֶרְמָנִית.
lo, 'ani more legermanit.
Nein, ich bin Lehrer für Deutsch.

הֵם טָסִים לְיִשְׂרָאֵל.
hem taßim lejißrael.
Sie fliegen nach Israel.

נִינָה תַּלְמִידָה חֲדָשָׁה.
Nina talmida chadascha.
Nina ist eine neue Schülerin.

Vokal [u]

Der Vokal **[u]** wird mit den folgenden Zeichen dargestellt:

וּ ֻ

Lesen Sie und schreiben Sie in Schreibschrift:
(von rechts nach links)

er	*hu*	הוּא
wir	*'anachnu*	אֲנַחְנוּ
Jerusalem	*jeruschalajim*	יְרוּשָׁלַיִם
vielleicht	*'ulaj*	אוּלַי
beendet	*gamur (m.)*	גָמוּר
geschlossen	*ßagur (m.)*	סָגוּר
russisch	*rußit (f.)*	רוּסִית
Museum	*muse'on (m.)*	מוּזֵאוֹן
Universität	*'uniwerßita (f.)*	אוּנִיבֶרְסִיטָה
Musik	*musika (f.)*	מוּזִיקָה

Kaf und **Kof** werden gleich ausgesprochen und werden in der Umschrift mit *k* bezeichnet.
Zum Beispiel:

כַּלָּה ***kala*** *(f.)* Braut

קַלָּה ***kala*** *(f.)* leicht

כַּף Kaf

Aussprache [k] wie in **K**önig

Schreiben Sie:
(von rechts nach links)

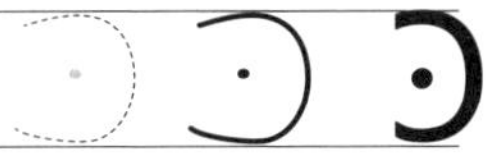

Lesen Sie und schreiben Sie in Schreibschrift:
(von rechts nach links)

alle	*kulam*	כּוּלָם
ja	*ken*	כֵּן
alles	*hakol*	הַכֹּל
Zucker	*ßukar (m.)*	סוּכָּר
nichts	*klum*	כְּלוּם
Klasse	*kita (f.)*	כִּיתָּה

Chaf und **Chet** werden gleich ausgesprochen und werden in der Umschrift mit *ch* bezeichnet.
Zum Beispiel:

מָחָר *machar* morgen

מָכַר *machar* (er) verkaufte

כַּף Chaf

Ausspráche [ch] wie in Sa**ch**e

Schreiben Sie:
(von rechts nach links)

Lesen Sie und schreiben Sie in Schreibschrift:
(von rechts nach links)

richtig	*nachon (m.)*	נָכוֹן
(er) isst	*'ochel*	אוֹכֵל
(sie) isst	*'ochelet*	אוֹכֶלֶת
so	*kacha*	כָּכָה
weise	*chacham (m.)*	חָכָם
Brief	*michtaw (m.)*	מִכְתָּב

רררררר

רררררר ר

ררררררר

רררררר

רררררררררררררר

ררררררר

ררררר

רררררררררררררררר

Lektion 5 שיעור

כַּף סוֹפִית
Chaf ßofit

Aussprache [ch] wie in Ba**ch**

Das Chaf ßofit ist
ein Endbuchstabe und erscheint
daher nur am Ende eines Wortes.

Schreiben Sie:
(von rechts nach links)

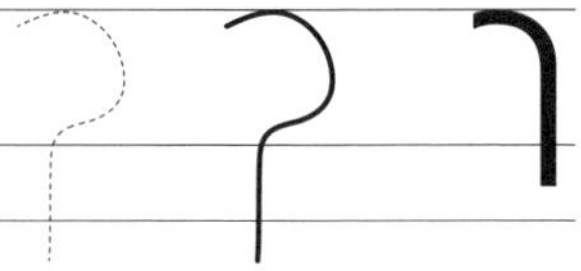

Lesen Sie und schreiben Sie in Schreibschrift:
(von rechts nach links)

dein	*schelcha (m.)*	שֶׁלְךָ
dein	*schelach (f.)*	שֶׁלָךְ
dir	*lecha (m.)*	לְךָ
gesegnet	*baruch (m.)*	בָּרוּךְ
(er) geht	*holech*	הוֹלֵךְ
(er) ging	*halach*	הָלַךְ

עעע עעע עעע עעע עעע עעע עעע

!

Die Aussprache von **Ajin** hängt von dem Vokalzeichen ab, das es bekommt.
z.B: [a] - עַ, [e] - עֶ, [i] - עִ, [o] - עוֹ oder [u] - עוּ.

In der Umschrift wird das **Ajin** am Anfang und innerhalb eines Wortes mit dem Zeichen ' dargestellt. Am Wortende wird es weggelassen, weil es sich nicht auf die Aussprache auswirkt.

עַיִן Ajin

Ajin ist ein stummer Konsonant.

Er kann jedes Vokalzeichen tragen, das dann die Aussprache festlegt.

Schreiben Sie:
(von rechts nach links)

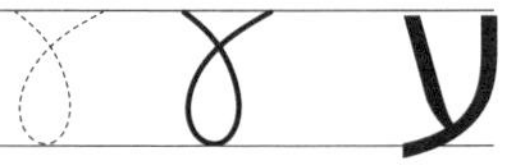

Lesen Sie und schreiben Sie in Schreibschrift:
(von rechts nach links)

sehr angenehm	*na'im me'od*	נָעִים מְאֹד
Abend	*'erew (m.)*	עֶרֶב
mit	*'im*	עִם
Unterricht	*'schi'ur (m.)*	שִׁיעוּר
Hebräisch	*'ivrit*	עִבְרִית
Wie geht es?	*ma nischma*	מַה נִשְׁמַע?

תַּרְגִּילִים
Übungen

1. Bilden Sie die entsprechenden Paare:

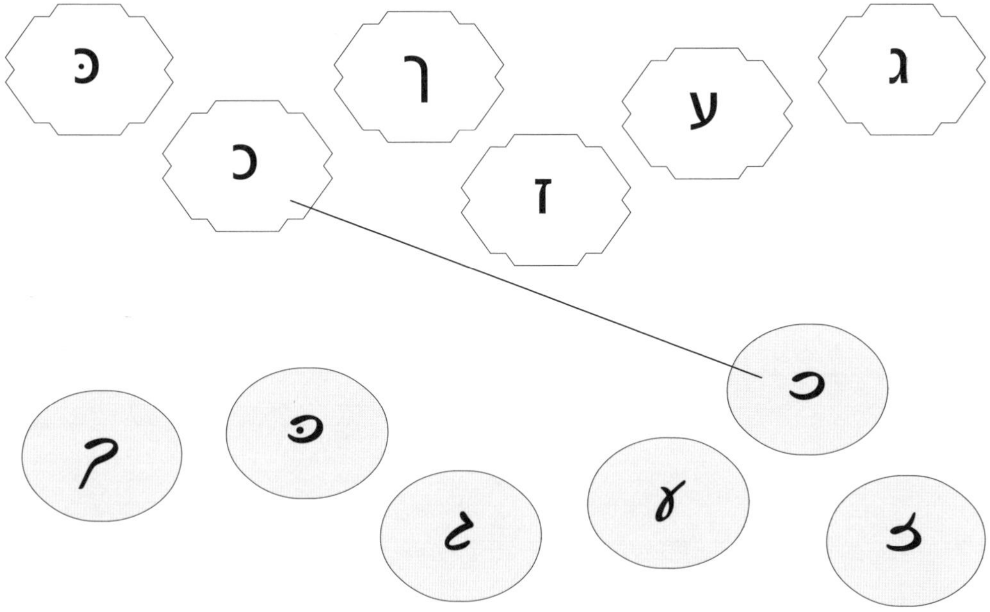

2. Streichen Sie die falschen Wörter durch:

עושה	עושה	~~עושק~~	שושה	שועה
עזה	עגה	עוה	עצה	טצה
עוגה	עוגה	עוצה	עוגח	שוגה
כיתה	כיחה	ניתה	קיתה	כיתה
נעים	נעיס	כעים	נשים	נעים

תַּרְגִּילִים
Übungen

3. Lesen Sie und schreiben Sie in Schreibschrift (von rechts nach links):

מַה זֶה? - זֶה עִיתוֹן.

ma se? - se 'iton.
Was ist das? - Das ist eine Zeitung.

לָמָה? - כָּכָה!

lama? - kacha!
Warum? - Darum!

הוּא אוֹכֵל עוּגָה טוֹבָה.

hu 'ochel 'uga towa.
Er isst einen guten Kuchen.

בְּרוּכִים הַבָּאִים!

bruchim haba'im!
Herzlich willkommen!

מַה נִשְׁמַע? - לֹא רַע.

ma nischma? - lo ra.
Wie geht es? - Nicht schlecht.

אֲנִי הוֹלֶכֶת עַכְשָׁיו לְסֶרֶט.

'ani holechet 'achschaw leßeret.
Ich gehe jetzt ins Kino.

שִׁיעוּר עִבְרִית

schi'ur 'iwrit
Hebräisch-Unterricht

תַּרְגִּילִים
Übungen

4. Lesen Sie die folgenden Dialoge:

- שָׁלוֹם, אֲנִי דֶבִּי.
- *schalom, 'ani debi.*
- Hallo, ich bin Debby.

- שָׁלוֹם דֶבִּי, אֲנִי יוֹהָנֶס.
- *schalom Debi, 'ani johaneß.*
- Hallo Debby, ich bin Johannes.

- נָעִים מְאֹד!
- *na'im me'od!*
- Sehr angenehm!

- אַתָּה גָּר בִּירוּשָׁלַיִם?
- *'ata gar bijeruschalajim?*
- Wohnst du in Jerusalem?

- לֹא, אֲנִי גָּר בְּתֵל אָבִיב, וְאַת?
- *lo, 'ani gar betel 'awiw, we'at?*
- Nein, ich wohne in Tel Aviv, und du?

- אֲנִי גַּם גָּרָה בְּתֵל אָבִיב.
- *'ani gam gara betel 'awiw.*
- Ich wohne auch in Tel aviv.

- אַתֶּם סְטוּדֶנְטִים?
- *'atem ßtudentim?*
- Seid ihr Studenten?

- לֹא, אֲנַחְנוּ טֶכְנָאִים.
- *lo, 'anachnu techna'im.*
- Nein, wir sind Techniker.

- אַתֶּם עוֹבְדִים בְּתֵל אָבִיב?
- *'atem 'owdim betel 'awiw?*
- Arbeitet ihr in Tel Aviv?

- כֵּן, בָּאוּנִיבֶרְסִיטָה.
- *ken, ba'uniwerßita.*
- Ja, an der Universität.

תַּרְגִּילִים
Übungen

5. Was ist was?

אננס

בירה

בננה

סטודנט

שוקולד

אוטובוס

לימון

טלויזיה

פּ פּ פּ

פּ

פּ

פּ

פּ פּ פּ

פֵּא Pe

Aussprache [p] wie in **P**alme

Schreiben Sie:
(von rechts nach links)

Lesen Sie und schreiben Sie in Schreibschrift:
(von rechts nach links)

hier	*po*	פֹּה
Orange	*tapus (m.)*	תַּפּוּז
Blume	*perach (m.)*	פֶּרַח
Wunder	*pele (m.)*	פֶּלֶא
Pessachfest	*peßach (m.)*	פֶּסַח
Kuh	*para (f.)*	פָּרָה

פ פ פ

פ פ פ

פ פ פ

פ פ פ

פ פ פ

פ פ פ

פ פ פ

פֵא Fe

Ausspräche [f] wie in **F**isch

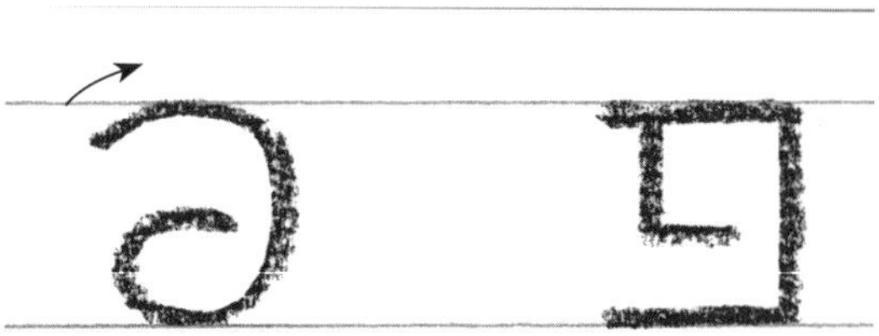

Schreiben Sie:
(von rechts nach links)

פ

Lesen Sie und schreiben Sie in Schreibschrift:
(von rechts nach links)

wo	*'ejfo*	אֵיפֹה
Kaffee	*kafe (m.)*	קָפֶה
hübsch, schön	*jafe (m.)*	יָפֶה
wie schön!	*jofi*	יוֹפִי!
Falafel	*falafel (m.)*	פָלָאפֶל
(sie) backt	*'ofa*	אוֹפָה

ףףףף
ףףףף
ףףףףף
ףףףףף
ףףףףף
ףףףףףף
ףףףףף
ףףףףף
ףףףף
ףףףף
ףףףףף
ףףףףףף
ףףףףףף
ףףףףף

פֵּא סוֹפִית
Fe ßofit

Aussprache [f] wie in Golf

Das Fe ßofit ist ein Endbuchstabe und erscheint daher nur am Ende eines Wortes.

Schreiben Sie:
(von rechts nach links)

Lesen Sie und schreiben Sie in Schreibschrift:
(von rechts nach links)

Ende	*ßof (m.)*	סוֹף
endlich	*ßof ßof*	סוֹף סוֹף
Winter	*choref (m.)*	חוֹרֶף
Blatt (Papier)	*daf (m.)*	דַּף
Nase	*'af (m.)*	אַף
fliegen	*la'uf*	לָעוּף

לְאָן הֵם רָצִים?

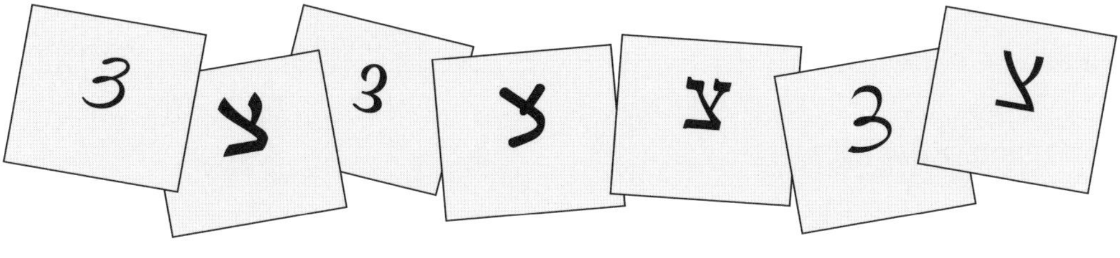

צָדִי Zadi

Aussprache [z] wie in **Z**ahl

Schreiben Sie:
(von rechts nach links)

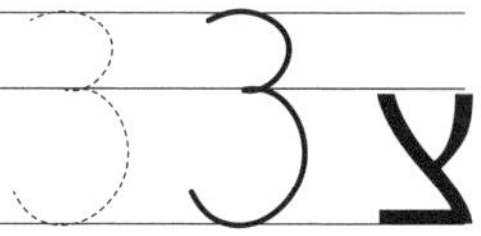

Lesen Sie und schreiben Sie in Schreibschrift:
(von rechts nach links)

(er) will	*roze*	רוֹצֶה
(sie) will	*roza*	רוֹצָה
(sie) laufen	*razim (m.)*	רָצִים
ein wenig	*kzat*	קְצָת
(er) muss	*zarich*	צָרִיךְ
(sie) muss	*zricha*	צְרִיכָה

Suchen Sie die Buchstaben Chaf, Ajin, Fe, Fe ßofit, Zadi und Zadi ßofit und malen Sie sie mit unterschiedlichen Farben aus.

Zadi mit Apostroph צ' wird zur Wiedergabe von fremdsprachlichen Lauten benutzt. Aussprache [tsch] wie **Ch**ur**ch**ill.

צִ'יפְּס *tschipß* Pommes Frites

סֶנְדְוִיץ' *ßendwitsch* Sandwich

צַדִי סוֹפִית
Zadi ßofit

Aussprache [z] wie in Herz

Das **Zadi ßofit** ist
ein Endbuchstabe und erscheint
daher nur am Ende eines Wortes.

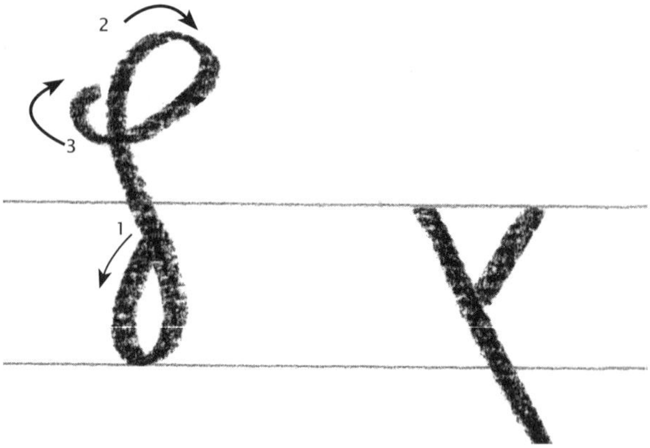

Schreiben Sie:
(von rechts nach links)

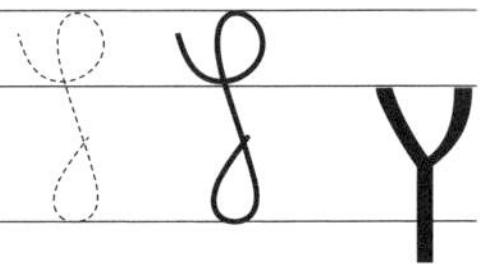

Lesen Sie und schreiben Sie in Schreibschrift:
(von rechts nach links)

(er) läuft	*raz*	רָץ
draußen	*bachuz*	בַּחוּץ
Saft	*miz (m.)*	מִיץ
Kibbuz	*kibuz (m.)*	קִיבּוּץ
Baum	*'ez (m.)*	עֵץ
Land	*'erez (f.)*	אֶרֶץ

תַּרְגִּילִים
Übungen

1. Bilden Sie die entsprechenden Paare:

רצה	רוצה	צ	פ
רוצה	איפה	פ	צ
קפה	צריך	ץ	פ
צריך	רצה	פ	ץ
איפה	קפה	ף	ף

(Beispiel: רצה — רצה verbunden)

2. Streichen Sie die falschen Wörter durch:

רוצח	רוצה	ריצה	רודה	**רוצה**
תפוז	~~תסוז~~	טפוז	תפוג	*תפוז*
פסק	פסה	פסח	ספח	**פסח**
אלפל	פלטופל	פטאפל	פלאפל	*פלאפל*
איפו	איפה	איטה	איפח	**איפה**
יטה	יפח	יפה	ופה	*יפה*
פוף	סוק	סוץ	סוף	**סוף**
הורף	חורף	חורץ	חוהץ	*חורף*
קצט	קצח	קדת	קצת	**קצת**
קיבוץ	היבוך	קיכוץ	קיבוף	*קיבוץ*

תַּרְגִּילִים
Übungen

3. Lesen Sie und schreiben Sie in Schreibschrift (von rechts nach links):

צִילָה גָּרָה בְּקִיבּוּץ.

zila gara bekibuz.
Zila wohnt in einem Kibbuz.

צִיפִּי רוֹצָה קָפֶה.

zipi roza kafe.
Zipi möchte Kaffee.

אֲנַחְנוּ רוֹצִים פִּיצָה.

'anachnu rozim piza.
Wir wollen Pizza.

אֵיזֶה פֶּרַח יָפֶה!

'ejse perach jafe!
Was für eine schöne Blume!

צַחִי אוֹכֵל פָּלָאפֶל.

Zachi 'ochel falafel.
Zachi isst Falafel.

הוּא רוֹצֶה חוּמוּס בְּפִיתָה.

hu roze chumus bepita.
Er möchte Hummus im Pita.

אֵיפֹה אִימָא? - בַּחוּץ.

'ejfo 'ima? - bachuz.
Wo ist Mutter? - Draußen.

תַרְגִילִים
Übungen

4. Ordnen Sie jedem Kontinent seinen Namen zu:

אירופה

אסיה

אמריקה

אוסטרליה

אפריקה

תַּרְגִּילִים
Übungen

5. Lesen Sie die folgenden Dialoge:

- אַתָה רוֹצֶה קָפֶה?
- *'ata roze kafe?*
- Möchtest du Kaffee?

- לֹא, אֲנִי רוֹצֶה תֵה בְּבַקָּשָׁה.
- *lo, 'ani roze te bewakascha.*
- Nein, ich möchte bitte Tee.

- לְאָן הֵם רָצִים?
- *le'an hem razim?*
- Wohin laufen sie?

- לַיָם!
- *lajam!*
- Ans Meer!

- מַה הִיא רוֹצָה לֶאֱכוֹל?
- *ma hi roza le'echol?*
- Was möchte sie essen?

- פִּיצָה.
- *piza.*
- Pizza.

- מַה אַתֶם רוֹצִים לִשְׁתוֹת?
- *ma 'atem rozim lischtot?*
- Was wollt ihr trinken?

- אֲנִי רוֹצָה בִּירָה.
- *'ani roza bira.*
- Ich möchte Bier.

- אֲנִי רוֹצֶה מִיץ תַפּוּזִים.
- *'ani roze miz tapusim.*
- Ich möchte Orangensaft.